PARIS
REVUE SATIRIQUE.

A M. G. DELESSERT,

PRÉFET DE POLICE,

PAR

BARTHÉLEMY.

Prix : 1 fr. 25 cent.

Paris

ROSSIGNOL ET Cie, ÉDITEURS, LIBRAIRIE PERROTIN,
1, RUE DES FILLES-SAINT-THOMAS.

1838

PARIS.

REVUE SATIRIQUE.

Imprimerie Lange Lévy et Comp., rue du Croissant, 16.

PARIS.

REVUE SATIRIQUE.

A M. G. DELESSERT,

PRÉFET DE POLICE,

PAR

BARTHÉLEMY.

Prix: 1 fr. 25 cent.

Paris

ROSSIGNOL ET Cie, ÉDITEURS, LIBRAIRIE PERROTIN,
1, RUE DES FILLES-SAINT-THOMAS.

1838.

PARIS.

Puisqu'enfin de Paris l'émeute disparue
De ses cris menaçans ne trouble plus la rue,
Et qu'après un repos de sept ans et demi
Le pavé des Trois-Jours s'est encore endormi ;
Toi qui ne places pas, émule d'un Sartines,
Ta gloire à machiner des fraudes clandestines,

Mais à rendre Paris, par de sages moyens,
Commode, sûr et sain pour tous les citoyens;
Toi, dont l'œil exercé nuit et jour se promène
Dans les plus noirs recoins de ton vaste domaine,
Afin de réprimer, des petits aux plus grands,
Les scandales publics et les abus flagrans,
Et qui sur tous les points de cette grande sphère
Penses n'avoir rien fait tant qu'il te reste à faire,
Edile paternel! viens, donne-moi la main,
Ecoute mes conseils en suivant ton chemin;
Tu verras qu'un poète, ainsi qu'on veut le croire,
N'habite pas toujours son Parnasse illusoire,
Et qu'il sait au besoin, désertant sa hauteur,
Promener sur ce monde un œil observateur.

Le temps viendra sans doute où notre capitale
Secouant les haillons que sa vieillesse étale,
Sur son corps rajeuni des pieds jusqu'au cerveau
Ne présentera plus qu'un vêtement nouveau;

Où dans tous les quartiers inondés par la foule,
Du boulevard d'*Enfer* à la porte du *Roule*,
A force de combler les impasses gluans
Repaires inconnus des modernes truands,
A force de percer de larges avenues,
De planter des ormeaux autour des places nues,
De ciseler le marbre ou de couler l'airain,
De creuser, d'aplanir, d'exhausser le terrain,
De détruire cent fois les œuvres de la veille,
Ce Paris deviendra la cité sans pareille,
Et réalisera, pour nos futurs neveux,
Un paradis terrestre, entrevu par nos vœux.
Mais nous, de leur bien-être intrépides manœuvres,
Pauvres contemporains! nous payons cher nos œuvres:
Du sol bouleversé, l'éternel mouvement,
Défend au citadin de marcher librement;
Chaque jour on s'épuise en fouilles incertaines,
Pour les tuyaux du gaz ou les bornes-fontaines;
Ah! pour nous tourmenter qu'on est ingénieux,
Aujourd'hui pour un bien et demain pour un mieux!

On éventre Paris, d'une main ennemie
On fait sur son cadavre un cours d'anatomie,
En découvrant à nu, dans un gouffre profond,
Ses artères de fer et ses veines de plomb.
Nul, devant sa maison que le pavage obstrue
N'est sûr en se levant de retrouver sa rue ;
A l'écriteau de l'angle il la réclame en vain,
Et rencontre à sa place un immense ravin.
Moi surtout qui, fidèle à ma vieille habitude,
Change souvent la rue en cabinet d'étude,
Que de fois, au hasard poussant mes pas rêveurs,
Je tombe à l'improviste au centre des paveurs !
Que de fois j'interromps mon poétique zèle,
Quand j'entends résonner la lourde *demoiselle*,
Et qu'un cordeau tendu me saisit au travers
Par le milieu du corps et coupe en deux mon vers !
Trop heureux si, quand vient l'heure des noires ombres,
Quelque astre d'épicier brille sur ces décombres,
Et si le vent du nord au souffle furibond
N'éteint pas sur l'écueil ce phare moribond.

Voici le mois propice où, selon sa coutume,

L'industrie, installant son trône de bitume,

Amalgame, en public, dans un vaste chaudron,

La résine, la poix, le sable et le goudron;

Où, contraint d'aspirer leur vapeur épaissie,

A travers son foulard le passant s'asphyxie;

Il est dur de subir l'empire universel

Qu'impose aux citoyens l'usurpateur Seyssel,

De décrire un détour ou de faire une halte

Devant la noire enceinte où bouillonne l'asphalte,

Et de marcher cent pas dans un fangeux chemin,

Pour un coûteux essai qu'on détruira demain.

On dit que ce ciment frotté par nos sandales

Se conserve plus dur que la pierre et les dalles,

Que le temps à venir prouvera son succès;

Je l'ignore, attendons; mais tout ce que je sais,

Moi qui sur ces graviers incessamment circule,

C'est que, dès qu'à Paris tombe la canicule,

Quand je sens sous mes pieds le chemin qui se fond,

Je regarde et je lis : BITUME BELLEFOND.

Toute œuvre, quoique bonne, a sa face mauvaise :

Possédés du démon de tout mettre à l'anglaise,

Jusque dans la *cité* vous voulez, à tout prix,

Sur un double trottoir faire marcher Paris ;

On dresse une chaussée, on la *mac-adamise*,

Mais l'étranger qui vient des bords de la Tamise

Se moque avec raison de vos liteaux étroits,

Où deux marchent de front à peine, et jamais trois.

Votre borne qui lance une source épurée

Fait éclabousser l'eau sur ma botte cirée.

Vous avez remplacé, comme un projet heureux,

Nos vieux bancs en granit par des bancs en fer creux ;

Mais ces siéges nouveaux de structure exiguë

Ne présentent la nuit qu'une forme ambiguë,

Qui par leur teinte sombre à nos yeux s'effaçant,

Révèlent leur présence aux jambes du passant.

C'est à toi d'écarter, quelque prix qu'il t'en coûte,

Ces nombreux guet-apens semés sur notre route,

D'extirper de nos murs, vigilant magistrat,
Tout ce qui blesse l'œil, l'oreille ou l'odorat.
A tes sergens de ville ordonne qu'on arrête
Ces valets d'abattoir qui, sur une charrette,
Aux matous de Paris apportant leurs festins,
Promènent au galop de sanglans intestins.
Sans trop prêter l'oreille aux clameurs de l'artiste,
Arrache ces tableaux dont l'aspect nous attriste,
Où l'on expose à nu, dans un affreux dessin,
Des fistules à l'œil et des cancers au sein.
Puisqu'une sage loi qui régit la marée,
Exile aux *Innocens* la limande et la raie,
Pourquoi tous ces poissons aux livides dehors,
Qui du faubourg Montmartre assiégent les abords?
Pourquoi ces frituriers dont la noire cuisine
Empeste le Pont-Neuf et la place Dauphine?
Pourquoi, même l'été, chez *Chevet* ou *Véfour*
Faut-il poser le pied sur la grille d'un four,
Dont les grasses vapeurs vainement étouffées
Fadissent le cœur de leurs tièdes bouffées?

Au nombre des abus je signalais encor
Ces Amphions vineux, Paganinis du cor,
Qui sur l'aigre refrain d'une note éternelle,
Chantaient du jeune Henri l'antique ritournelle;
Dieu merci! ton affiche a réduit aux abois
Ces sonneurs enroués, dignes hôtes des bois.
Mais dût-on accuser ma muse malévole
D'attaquer du public l'harmonieuse idole;
Entre cent délinquans que je prends au hasard,
Comme ennemi public je dénonce Musard.
Ses instrumens de cuivre et ses valses de Vienne,
Jettent trop de fracas dans le quartier *Vivienne ;*
Le malade se plaint de ses cors à pistons,
Et la rue interdite au reste des piétons,
S'encombre de badauds qui, par économie,
Du concert à vingt sous escroquent l'harmonie.
Prescris-lui de se taire, ou que dorénavant
Il entoure de murs sa musique en plein vent.
Toi seul peux expulser, par des mesures sages,
Tous ceux qui de la rue usurpent les passages,

Tous ces marchands suspects connus de l'argousin,
Qui sur un chevalet plantent leur magasin.

Ce n'est pas que je veuille user de barbarie
Contre l'homme vivant d'une frêle industrie :
Fais grace au Savoyard qui gourmande en patois
Son singe en habit rouge assis au bord des toits;
Épargne le vieillard qui propose en cachette
Un éternel lorgnon que personne n'achette,
Et l'indigent honteux qui subsiste en vendant
Le crayon à trois sous ou l'humble cure-dent;
Mais poursuis sans pitié la race israélite
Qui vend ses faux bijoux, débris d'une faillite,
Ses chaînes provenant d'un lot qui leur échut,
Ses prétendus gilets fabriqués par *Berchut;*
Ceux qui dans les quartiers où la presse fourmille
Brûlent obstinément leur infecte pastille,
Ces rusés villageois qui, d'un air de candeur,
Colportent un gibier de méphitique odeur ;
Et tant d'hommes sans nom dont la fraude est notoire,
Vagabonds inculpés par maint réquisitoire,

Qui vivent de rapine et pratiquent sans bruit
Le délit dans le jour, le crime dans la nuit.

Cette rude besogne une fois achevée,
L'étable d'Augias n'est pas encor lavée :
Combien d'autres abus réclament ton pouvoir !
Que de maux, d'embarras, de périls à prévoir !
Tantôt un épicier de structure athlétique
Nous crève l'estomac en fermant sa boutique ;
Un autre, pour tromper les ardeurs du soleil,
Jusque sur son vitrage abaisse un appareil
Dont la tringle de fer brutalement repousse
Quiconque a par malheur plus de cinq pieds un pouce.
Tel qui d'un pied craintif esquive en se sauvant
Le traîneau du brasseur lancé comme le vent,
Sent tomber tout-à-coup sur sa tête qui saigne
Un marteau fatigué de clouer une enseigne.
Tantôt un vieux portier, fantôme sibyllin,
A deux doigts de mon front fait siffler son merlin.
Puis viennent les rouliers qui, suivant leur usage,
En cinglant leurs chevaux me coupent le visage ;

Ne pourrais-tu, sans nuire au transport des moellons,
Destituer ces fouets si cuisans et si longs ?
Que sur les grands chemins, avec leur bras d'Alcide,
Ils déroulent dans l'air leur lanière homicide,
J'y consens; mais sitôt qu'ils entrent dans Paris,
Ces cruels instrumens doivent être proscrits ;
S'ils veulent toutefois, pour hâter leur roulage,
Stimuler par des coups un rétif attelage,
Que, par ton ordonnance, un aiguillon léger,
Au manche de leurs fouets s'adapte sans danger :
Prescris à ces rustauts de parcourir la rue
Ainsi que des bouviers qui guident la charrue,
Et tu rendras plus doux, par ces moyens nouveaux,
Le sort des citoyens et des tristes chevaux.

Veux-tu, jusqu'à la fin, poursuivre la revue
Des hasards périlleux dont Lutèce est pourvue?
Marchons avec prudence; et d'abord, évitons
Ces colosses roulans, abhorrés des piétons,

Qui dès l'aube à minuit lâchés à toutes rênes

Ebranlent de Paris les voûtes souterraines,

Serrent contre le mur, grace à leurs cochers saouls,

Quiconque ne veut pas voyager pour six sous,

Et qui, depuis dix ans, ont cloué sur la terre,

Ont broyé, mutilé plus d'hommes que la guerre.

On peut parfois, dit-on, éviter ces revers

En choisissant l'abri des passages couverts;

Oui; mais dans ces couloirs où l'oisif se pavane,

Fume en bleus tourbillons la feuille de Havane,

Et de l'estaminet les hôtes importuns

Inondent les passans de leurs âcres parfums,

Rends-nous, par tes efforts, l'existence plus douce,

Ecarte de nos pas toute rude secousse :

Pour prévenir à temps les volcans destructeurs

Des salons de lecture et des restaurateurs,

Dès que la nuit commence, ordonne qu'on explore

Tous les lieux infectés par le gaz inodore,

Et qu'on donne l'éveil avec des cris de peur,

Sitôt qu'on sent filtrer l'inflammable vapeur.

Inspecteur de la rue ou sage moraliste,

Je ne finirais pas, si je dressais la liste

De ce qu'il faut soustraire à l'effroi des passans;

Fais couvrir d'un linceul ces veaux agonisans,

Qui, conduits à la mort par larges charretées,

Etalent aux rebords leurs têtes ballottées.

Arrache la raquette à ces jeunes commis

Qui, de nos yeux distraits innocens ennemis,

De leurs volans croisés barrent tous les passages.

Défends aux blanchisseurs ces chiens antropophages,

Qu'on a vu trop souvent, d'entre les noirs essieux,

S'élancer vers l'enfant qui passe insoucieux.

Surveille les changeurs, force leur devanture

A n'offrir désormais que de l'or en peinture :

Pourquoi ce vaste amas de roubles, de florins,

De ducats, de thalers, d'onces, de souverains?

Pourquoi, sans qu'à sa vue un rideau le supprime,

Par ce terrible aspect tantaliser le crime?

Quand l'heure de dîner sonne pour tout Paris,

Là, plus d'un pauvre honnête, avec des traits maigris,

Conçoit une pensée et s'arrête immobile....

Et le riche tressaille en touchant sa sébile,

S'il distingue à travers les vitraux transparens

L'homme qui le regarde avec des yeux si grands.

Ne crains pas de frapper par des lois tyranniques

Les délits effrontés de ces hommes cyniques

Qui, sans daigner choisir l'ombre de ces remparts

Dont ton zèle attentif garnit les boulevards,

Sans même recourir à l'angle solitaire

Qui couvrait autrefois ces œuvres de mystère,

Feignent de s'abriter, par un soin maladroit,

Derrière un arbrisseau menu comme le doigt.

Sauve à la jeune fille, à la chaste matrone

Un scandale public dont rougirait Pétrone,

Et par la rude main des pudiques sergens

Epargne aux bonnes mœurs ces méfaits outrageans.

Bien que je mette au jour tout abus qui me choque,

Je conviens que Paris est loin de cette époque

Où nul fanal encor ne jetait sa clarté,

Où les *tireurs de laine* au maintien effronté,

Enlevaient aux bourgeois leurs dépouilles opimes,

Où Boileau racontait, en fort mauvaises rimes,

Que, *pour surcroît de maux, un sort malencontreux,*

Conduisait sur ses pas *un grand troupeau de bœufs ;*

Mais entre les abus il faut que tu connaisses

Ces troupeaux vagabonds de folâtres ânesses

Qu'on rencontre souvent le matin et le soir

Vous disputant la rue et même le trottoir,

Et qui, pour restaurer les poitrines malades,

Aux hommes bien portans adressent des ruades.

Il faut te rappeler qu'un ordre officiel

Arrête au bord des toits l'eau qui tombe du ciel,

Et jusqu'au pied des murs commande qu'elle arrive

Par des canaux de zinc qui la tiennent captive ;

D'où vient donc qu'aujourd'hui de rebelles bourgeois

La déchaînent encor du sommet de leurs toits !

D'où vient que même aux lieux que le monarque habite

Nous implorons en vain un mur qui nous abrite !

Qu'armé d'un parapluie ou d'un étroit chapeau

Le malheureux piéton mouillé jusqu'à la peau,

Essuie, en murmurant, la royale gouttière,

Depuis le noir guichet qui mène à la rivière,

Jusqu'au fameux balcon fermé par deux panneaux,

D'où le bon Charles IX chassait aux huguenots!

Hélas! lorsque la pluie à Paris survenue

Vomit sur son pavé les trésors de la nue,

Et ne présente plus aux tristes habitans

Que des fleuves, des mers, des lacs et des étangs,

Souvent on cherche en vain, surpris par ce déluge,

Une arche de Noë qui vous donne un refuge;

Les fiacres transformés en vaisseaux de transport

D'humides passagers sont pleins jusqu'au sabord,

Votre voix se fatigue à héler dans l'espace

Le sourd cabriolet de remise ou de place;

Alors, las d'épier quelque sauveur errant,

Si vous voulez à pied traverser le torrent,

Il faudra malgré vous subir le monopole
Du Caron auvergnat qui demande l'obole,
Et parfois, au moment d'atteindre votre but,
Voir trébucher dans l'eau la planche de salut.
Affranchis le public d'une taxe arbitraire;
Que l'épicier du coin, digne dépositaire,
Sitôt que des ruisseaux la pluie enfle le cours,
A l'endroit du passage offre un pont de secours.
De ces ponts confiés à leur garde fidèle
Je me charge, au besoin, de tracer un modèle,
Et tu trouveras bien, pour ce sage projet,
Quelque parcelle d'or arrachée au budget.

Il me reste à toucher une dernière corde :
Tout homme, quel qu'il soit, tremble dès qu'il l'aborde,
Et toute oreille pure en redoute les sons;
Mais cet œuvre l'exige, il le faut; avançons :
Puisqu'il n'est que trop vrai que l'austère morale
Prêche en vain à nos fils la chasteté claustrale,

Que des époux, trompant de légitimes nœuds,

Promènent au hasard leurs sens libidineux,

Puisque l'état des mœurs a rendu nécessaire

Ce peuple que régit la loi du dispensaire,

Et qui par la débauche et le temps enlaidi,

Passe de *Saint-Lazare* à l'*Hôtel du Midi*;

Edile de Paris! marche dans le système,

Poursuis l'œuvre de bien de Mangin et Belleyme;

Aux fangeuses Phrynés désigne pour manoirs

Des quartiers pestilens, solitaires et noirs;

Sur le registre impur que toutes soient inscrites,

Sans pardonner surtout aux fraudes hypocrites

De celles qui, trompant le saint *bureau des mœurs*,

Donnent à leurs tripots des airs de parfumeurs.

Déjà, durant le jour, leurs manœuvres couvertes

S'exercent, à huis clos, sous les persiennes vertes,

Et l'infâme trafic, consommé sans témoins,

S'il n'est pas interdit, est étouffé du moins;

Mais, quand rompant le frein qui les tient prisonnières,

Les louves de la nuit sortent de leurs tannières,

Laissons-les du passant tirailler le manteau,

Vers les sombres abords de l'égout Fromenteau,

Sans porter jusqu'aux lieux que la foule fréquente

Leurs fronts dévergondés et leur teint de bacchante,

Sans attirer les yeux, sans déranger les pas

Du bon bourgeois qui fuit leurs effrayans appas,

Sans aller, aux lueurs du soleil hydrogène,

Chercher ce que cherchait autrefois Diogène,

En croisant mille fois, de l'un à l'autre bout,

Du faubourg Poissonnière à l'angle de Taitbout.

Avant de clôturer cette épitre-satire,

Des mots mystérieux me resteraient à dire ;

Il me faudrait descendre à ce dernier chaînon

Où le vice est si bas qu'il n'a plus même un nom ;

Mais j'en ai dit assez et tu dois me comprendre ;

Nous sommes dans la rue, et l'on peut nous entendre....

Viens un soir avec moi, serré dans ton manteau,

Et si tu veux saisir, *flagrante delicto,*

La débauche, le vol, effroyable mélange

De secrets monstrueux qui rampent dans la fange,

Nous irons sur les quais, sous les arches des ponts

Troubler dans leurs horreurs les obscènes fripons;

Mon fanal portera sa lueur ennemie

Dans ce noir réceptacle où grouille l'infamie,

Et te révèlera, quand nous serons tout seuls,

Des forfaits que la nuit couvre de ses linceuls.

En vente à la même librairie :

16 francs l'ouvrage complet.

ŒUVRES DE BARTHÉLEMY ET MÉRY,

Contenant Napoléon en Egypte, Waterloo, le Fils de l'Homme, les Douze Journées de la Révolution et Némésis; 4 beaux volumes 8°, ornés de 40 gravures, d'après *Raffet*, et gravées sur acier, publiés en 32 livraisons, à 50 c. La 23° est en vente.
Chaque ouvrage se vendra séparément.

PUBLICATION TERMINÉE :

L'ÉNÉIDE,

Traduite en vers français, par Barthélemy, précédée d'une préface et accompagnée de notes du traducteur, 4 volumes grand 8°, imprimés sur papier superfin des Vosges.
Prix : . . . . 30 fr.

ŒUVRES COMPLÈTES DE BÉRANGER.

Belle édition, ornée de 104 gravures sur acier, *premières épreuves;* 5 volumes grand in-18, imprimés par Jules Didot l'aîné, papier superfin.
Prix : . . . . 26 fr.

Sous presse pour paraître incessamment :

LA FRANCE DEPUIS 1830,

Aperçus sur sa situation politique, militaire, coloniale et financière; un fort volume 8° d'environ 600 pages, avec plan et carte, par M. Y. Milleret, ancien député.

Imprimerie Lange Lévy et C⁰, rue du Croissant, 16.

www.ingramcontent.com/pod-product-compliance
Lightning Source LLC
Chambersburg PA
CBHW060634050426
42451CB00012B/2592